Lk 7 1756

TABLE DES PIECES

[1]

LETTRE D'UN ECCLESIASTIQUE

de Chaalons, à un Docteur de Paris.

Sur la Visite de Monsieur l'Evêque de Chaa-
lons, dans la Paroisse de Notre-Dame
en vaux.

MONSIEUR,

Je ne suis pas surpris que le bruit qu'à fait la
Visite de Monsieur l'Evêque de Chaalons dans une
Paroisse de cette ville, & ce qui s'est passé au sujet
d'une Relique fameuse qu'on y prétend avoir, soit
allé jusqu'à vous ; mais je suis étonné que vous me
priiés serieusement de vous apprendre ce que c't
que cette Relique, comme si le peu de distance qu'il
y a de nôtre ville à la vôtre vous permettoit de
l'ignorer : Vous êtes donc le seul étranger qui n'aiés
pas ouï parler du S. Nombril, de la maniere dont
la Sainte Vierge le conserva, du present qu'elle en
fit à S. Jean, de l'adoration qu'on lui a renduë jusqu'ici dans nôtre ville de Chaalons ; des miracles
qui ont été operez par sa vertu, & de la Visite
qu'en vient de faire Mr. nôtre Evêque. Je vois bien,
Monsieur, que vous n'avés pas quitté vôtre train
de vie ordinaire, & que l'étude & la priere rem-
plissant toutes vos journées ; vous êtes toujours le
dernier à savoir ce qui se passe dans le monde.

A

[2]

Je vous l'apprendrai donc puisque vous voulés le
savoir, & que ce qui regarde Jesus-Christ & son
Eglise, comme vous le dites vous-même, ne vous
sauroit être indifferent ; je joins à ma Lettre une
copie fidelle de la Visite de Mr. de Chaalons, afin
que vous voiiés la conduite qu'a tenüe ce Prélat,
peut-être serez-vous bien aise de voir aussi la Requête que les Paroissiens de N. Dame lui ont pre-
sentée pour demander la restitution de leur Relique, & s'il me tombe quelqu'autre piece entre les
mains, j'aurai soin de vous en faire part.

Vous saurez donc, Monsieur, qu'il y a dans nôtre ville de Chaalons une Paroisse appellée Notre-
Dame en vaux, où l'on prétend conserver depuis
plusieurs siecles une partie du S. Nombril de Notre
Seigneur Jesus-Christ. Quoi ! en a-t'il un ? vous
recriés-vous d'abord, ... patience, ce n'est pas de
quoi il s'agit : je sai ce que les anciens Peres ont
pensé sur la maternité de la sainte Vierge, sur sa
virginité, sur la naissance de son Fils nôtre Sauveur:
la maniere pure & miraculeuse dont ils ont crû qu'il
étoit venu au monde, fait juger qu'ils n'eussent pas
été extrêmement credules sur cette Relique, mais
ne nous engageons point dans des disputes, je ne
veux que vous raporter des faits. Mais comment
cette Relique a-t'elle été apportée à Chaalons ? l'histoire en est curieuse, il faut la reprendre de plus
haut, cette parcelle attachée à la chair de Jesus-
Christ lui étant tombée comme aux autres enfans,
la sainte Vierge la ramassa, dit-on, avec beaucoup
de reverence & de foi, elle la garda cherement
toute sa vie, je ne sai même si elle ne la portoit pas

toûjours ſur elle : Aprés la mort de ſon Fils elle
devint la ſource de ſa conſolation, elle donna en
mourant ce precieux dépôt à S. Jean l'Evangeliſte,
comme à celui que ſon amour pour la perſonne de
JESUS-CHRIST en rendoit le plus digne, ſaint
Jean établi Evêque d'Epheſe le laiſſa à ſes ſuccelſeurs, de ſes ſucceſſeurs il paſſa ſucceſſivement par
pluſieurs mains entre celles de Charlemagne ; eh
comment ? . . . tout comme il vous plaira, nous le
lui enverrons, ſi vous voulés, par l'Empereur Conſtantin & Iréne ſa mere, en reconnoiſſance de ce
qu'il avoit chaſſé les Sarraſins de l'Empire, ou par
Arron Roy de Perſe ; que ſi ce moyen vous paroît
trop naturel pour une Relique ſi miraculeuſe, nous
la lui ferons porter exprés par un Ange, comme
l'aſſure l'autheur des Annales Eccleſiaſtiques deChaalons. Charlemagne ne crut pas déplaire à l'Ange
en ſe défaiſant de ſon preſent au profit d'un tiers,
il en cût pû enrichir ſon Royaume & ſa Capitale,
mais il aima mieux la porter à Rome & en fit un
preſent au Pape Leon III. Cette Relique qui ſembloit être deſtinée d'abord pour la France y eſt revenue enſuite en partie, elle a établi ſon ſiege dans
la ville de Chaalons, la Paroiſſe de N. Dame en
vaux ſe. fait une grande gloire de la poſſeder, elle
auroit raiſon s'il étoit veritable qu'elle la poſſedât
en effet ; on ne l'y venero pas ſeulement, on l'y adore, on la porte en proceſſion ſous un Dais, & on
en donne la benediction avec les mêmes ceremonies
que ſi c'étoit le Corps de JESUS-CHRIST. Que ſi
vous me demandés des authentiques de tout ce que
j'avance, je vous répondrai, Monſieur, avec le reſ

A ij

pect que je vous dois, que vous n'êtes pas asséz
credule, que vous ne seriés pas plaisir à Messieurs
nos Chaalonnois d'être si curieux, nous la possèdons
d'un tems immemorial, que cela vous suffise ; & si
vous me poussés à bout par vos questions indiscret-
tes, je vous renverai à la ruë des marmouzets, à
l'enseigne des trois Pigeons demander à Haymald
Robert de Limoge, jadis Clerc licentié és loix, ensuite domestique d'un Cardinal, depuis soldat, demeurant à Paris dans la même auberge, * *Homme
d'honnête condition & de bonne façon, comme il paroissoit à l'exterieur, & qui avoit maintes connoissances,*
s'il n'est pas vrai qu'il a vû à Rome dans le tresor
*où se gardent les saintes Reliques & precieux joyaux
avec les papiers de l'Eglise Romaine,* & où sa qualité
de Domestique d'un Cardinal lui donnoit apparem-
ment plein pouvoir de foüiller, je vous renverrai,
dis-je, demander à ce savant critique s'il n'a pas vû
certaines Lettres Apostoliques en forme de Bulle,
portant qu'une partie du S. Nombril est à Chaalons ; si vous pouvés en douter aprés cela je n'ai
plus rien à vous dire pour forcer vôtre incredulité.

Ainsi se conservoient l'origine & la succession du
S. Nombril lors qu'en mil quatre cent sept Charles
de Poitiers Evêque de Chaalons à l'instance des Paroissiens de N. Dame changeât cette Relique de place
& la mit sans la regarder dans un autre Reliquaire
plus beau que le premier, sur la bonne foy seule de
trois Habitans de cette Paroisse, qui l'assurérent de

* Ancien manuscrit en parchemin qui parle de la translation de la Relique, mais qui ne dit pas que l'Evêque Charles
de Poitiers l'ait examiné.

ce que leur avoit rapporté le Limofin de la Rüe des Marmouzets; On a continué depuis ce tems à lui rendre les honneurs dont je vous ai parlé, on y eft venu en pélerinage de fort loin, on dit même qu'il s'y eft fait des miracles, ce qui n'eft pas impoffible à croire, Dieu pouvant recompenfer la fimplicité de la foi & la droiture de cœur de ceux qui l'honnorent & qui s'adreffent à lui. Or le cinquiéme Dimanche du Carême dernier le dixiéme Avril Meffire Gafton-Jean-Baptifte-Louis de Noailles Frere & Succeffeur de Monfeigneur le Cardinal en ce Siege, commen- çât fa premiere vifite Epifcopale dans la Paroiffe de N. Dame avec les folemnités ordinaires; comme les comptes qu'il eût à recevoir, & la multitude des affaires qui fe prefenterent ne lui permirent pas de les terminer toutes, il indiqua plufieurs affemblées dans fon palais où il invita les Paroiffiens & où fe trouverent tous ceux qui voulurent y affifter. Vous connoiffez le merite du Prélat, on doit certainement lui rendre cette juftice qu'il eft trés éclairé & trés zelé pour ne fouffrir dans fon Diocefe non feulement aucun abus, mais rien de ce qui peut en approcher, & les affaires qu'il a foutenües jufqu'à prefent pour la difcipline & dont il eft venu glorieufement à bout, font bien voir qu'il n'a pas moins de fermeté, que de lumiere. Il avoit oüy parler depuis long-tems de la Relique en queftion, mais les affaires de fon Dio- cefe, fes vifites, fes infirmités l'avoient empêché de s'en inftruire plus à fond par lui même. Il ne pou- voit ignorer ce que les goûts differents en faifoient penfer aux differens efprits, il favoit que les uns l'a- doroient, que les autres n'y avoient aucune foi, que d'autres enfin en parloient d'une maniere peu édifiante ; il savoit d'un autre côté combien un Evêque doit être exacte à ne proposer au peuple pour objet de son culte & de la foi que des choses indubitables. Ces considerations porterent nôtre Prelat à dire à Mrs. les Chanoines de N. Dame, & aux Paroissiens assemblez dans son Palais qu'il étoit résolu de faire la visite de la Relique : Il crût qu'il étoit de sa pieté d'autoriser le culte qu'on lui rendoit si elle se trouvoit veritable ou de le regler au moins si par hazard il s'y étoit glissé quelque abus. Jour pris, Mr. l'Evêque en Rochet & Camail se transporte à N. Dame avec presque tous les Chanoines de cette Eglise & le Peuple qui voulut l'y suivre, il se fait apporter un Image en ronde bosse de vermeil representant la Ste. Vierge tenant Jesus-Christ son Fils, au Nombril du quel est un cercle d'argent avec cette inscription au tour DE UMBILICO DOMINI JESU CHRISTI le Prélat se met à genoux animé d'une ste. hardiesse, & persuadé qu'un Evêque qui à l'honneur de consacrer le Corps de Jesus-Christ & de le tenir tout entier entre ses mains, ne doit pas craindre à la vûe de son Nombril prétendu, le sort fabuleux d'un Evêque d'Arras, * principalement quand il n'est poussé que par des motifs de Zele & de Religion : sa priere finie il ordonne à un Orfevre d'approcher, qui sans autre secours que celui de la pointe de son couteau releve le cercle & ôte le cristal.

Je ne vous dirai pas, Monsieur, si depuis la translation que fit Charles de Poitiers du prétendu St.

---

* Requéte des Paroissiens à Mr. de Chaalons,

Nombril, on n'a pas touché à ce Reliquaire & si la curiosité n'y a fait porter ni les yeux ni les mains; la facilité qu'on eût à l'ouvrir le pouroit faire soupçonner, ce que je sai c'est que Mr. de Chaalons en aiant tiré en présence de tous les assistans ce qui y étoit enfermé, il vit trois morceaux de taffetas rouge usez & percez, enveloppez les uns dans les autres dans lesquels il ne trouva que trois petits morceaux de pierre dont l'un étoit lice comme du gravier de même couleur & de même dureté, les deux autres comme des éclats d'une pierre jaunâtre graveleuse & friable avec d'autres grains de trés petit volume de même qualité & de même couleur.

Vous jugez bien, Monsieur, quelle fut la surprise & la consternation des assistans quand ils virent qu'au lieu d'une Relique precieuse, d'un sacré dépôt, comme ils l'appeloient, ils ne trouverent qu'un peu de gravier; on eût beau recourir aux lunettes, les objets purent être grossis, mais ils ne changerent pas pour cela de nature, & on reconnût que l'oracle de la rüe des Marmouzets n'étoit pas infaillible. On n'en demeura pas là, on fit venir sur le champ le Sr. Chevre qui par sa profession d'Acoucheur & d'Acoucheur habile pouvoit mieux connoître les parties du corps humain & la nature des vaisseaux umbilicaux, il assûra en pleine assemblée que ce ne pouvoit être, ni n'avoit jamais été un Nombril d'enfant, & il satisfit si solidement à toutes les questions qu'on lui proposa que tous les assistans & même les Chanoines furent desabusés, souffrirent sans la moindre opposition que Mr. l'Evêque emportât ce gravier dans une boëte d'argent, & le reconduisirent avec les mêmes honneurs qu'ils lui avoient rendus en le recevant.

Ainsi finit la visite de la Relique, mais les discours ne finirent pas de même, cette entreprise qui avoit paru d'abord & de sang-froid une action de la competence & de la jurisdiction du Prélat, ne fut plus regardée peu de tems aprés avec les mêmes yeux, soit qu'un reste de pieté, quoi que mal entendüe, affligeât quelques Paroissiens de n'avoir plus en leur disposition un dépôt où ils mettoient leur confiance, soit que le chagrin d'avoir été abusé fit croire aux autres qu'ils n'y pouvoient trouver de remede que dans la restitution de la Relique, soit que sa suppression dût faire diminuer les devotions & les offrandes, soit enfin par d'autres motifs de quelques particuliers qui ne font que trop connus, mais dans lesquels je ne veux pas entrer : on se mit en tête de vouloir ravoir la Relique, on ne crut pas que ce fut assez pour des Chrétiens d'avoir sur leurs Autels le Corps même de Jesus-Christ de la presence & de la verité duquel on ne peut douter, on voulut mettre ce qui est équivoque & douteux auprés de ce qu'il y a de plus indubitable & de plus sacré : Et ce qui est le plus étrange c'est que la plûpart de ceux qui regardoient cette Relique avec indifference, pour n'en pas dire davantage, font les premiers à prendre feu & les plus ardens à en redemander la restitution.

Ce qu'on a pû vous dire d'une émeutte populaire est une supposition, il est difficile de faire un changement tant soit peu remarquable, sans causer quelque trouble, la nouveauté quoique necessaire & juste en apporte toûjours, l'esprit n'aime point qu'on le chicane sur ses opinions, il n'examine point si elles lui sont venües des siécles d'ignorance & de grossierté, il ne se soucie pas qu'elles soient sautes, il lui suffit qu'elles lui plaisent pour ne pouvoir souffrir qu'on les lui conteste. On a pensé, on a parlé, chacun selon son goût, son interêt ou sa passion, & tout s'est terminé à des discours. Je vous en envoie un en forme de Requête presenté à Mr. l'Evêque par quelques notables de la Paroisse dépoüillée qui redemandent leur Trésor à cors & à cris; vous jugerez de la justice de leur demande : On prétend même qu'ils sont résolus de pousser l'affaire aussi loin qu'elle pourra aller: je ne sai si leurs clameurs & leurs procedures arracheront des mains de ce Prélat par voie de justice, ce que sa sagesse & sa Religion l'ont obligé de retrancher de leur Eglise, le tems nous l'aprendra, ce que je puis conjecturer c'est que si les parties attaquent avec une grande chaleur, le Prélat n'en aura pas moins à soutenir l'honneur de la pure Religion & les droits de son ministere, mais comme il ne cherche que le bon ordre & la paix, il se rendra avec autant de facilité, si on lui fait voir qu'il a tort, qu'il se deffendra avec courage tant qu'il sera persuadé qu'il a raison. J'aurai soin de vous communiquer tout ce qui se passera sur cette affaire, vous pourrés en faire part à nos amis communs. je suis,

Monsieur,

'A Chaalons, ce
9. May 1707.

Votre trés-humble & trés-obéissant serviteur. * * * *

PROCE'S VERBAL
de Monsieur de Chaalons.

L'AN de grace mil sept cent sept, le dix-neuviéme jour d'Avril, Nous Gaston-Jean Baptiste Louis de Noailles, par la permission Divine, Evêque Comte de Chaalons, Pair de France ; Aprés avoir tenu dans nôtre Palais Episcopal la derniere Assemblée pour travailler à regler les difficultés survenües dans le cours de nôtre Visite Episcopalle en la Paroisse de N. Dame en vaux à Chaalons, entre les Chanoines de l'Eglise Collegialle & Paroissialle de N. Dame ; Maitre Jean Lambert Prêtre Curé ou Vicaire perpetuel & les Marguilliers de ladite Eglise, en continuant nôtredite Visite, Nous sommes transporté dans ladite Paroisse environ les sept heures du soir, accompagné de Me. Claude Courtois, Prêtre ancien Chanoine ; Me. Pierre Thevenin aussi Prêtre & Chanoine de ladite Eglise ; dudit Me. Jean Lambert, des Srs. Edoüard Mathé Ecuyer Seigneur de Vitry la Ville, Major de Ville & Citadelle de Ste. Manehould, Marguillier en charge de ladite Paroisse ; Nicolas Parchappe des Noyers, Chevallier Seigneur de Vinay, Grand Bailly de Chaalons, Lieutenant de Roy au Gouvernement d'Epernay ; Jacques-Joseph Deu Ecuyer Conseiller du Roy, Tresorier de France en la Generalité de Champagne ; Pierre Deu du Vieil Dampierre, Conseiller veteran au Presidial de Chaalons & Bailly de nôtre Comté Pairie ; Joachim Chalons Conseiller du Roy, Controlleur ge-

neral des Finances, Domaine & Bois de Champagne, l'un des Echevins Magistrats de la Police & du
Criminel dudit Chaalons, tous notables Habitans
de ladite Paroisse de N. Dame en vaux; & de nôtre Secretaire : & étant descendus dans la Maison dudit Me. Claude Courtois, aprés Nous être revêtus
de Rochet, Camail & Etole, Nous serions entrés
dans ladite Eglise de N. Dame en vaux avec les
susnommés, & Jean Brocq Orphevre & Pierre Collin Serrurier, que Nous aurions fait avertir de se
trouver avec Nous pour faire la Visite de la Relique qu'on disoit être du S Nombril de Notre-Sei-
gneur, gardée depuis trés longtems dans ladite Eglise, & qu'on exposoit tous les ans à la veneration
des fideles aü jour & fête de la Circoncision de No-
tre-Seigneur ; à laquelle Visite outre les personnes
ci-dessus nommées, se sont trouvés Maîtres Michel
de Lisle, Philippe Domballe, Nicolas Antoine Vien-
not, Nicolas Antoine, & Quentin Raussin tous Prê-
tres & Chanoines de ladite Eglise de N. Dame ; Et
Nous étant approchés de l'armoire où étoit enfermée
ladite Relique à côté du grand Autel dans le Sanctuaire du Cœur, Nous aurions fait apporter les clefs
de ladite armoire, & aurions ordonné audit Collin
de l'ouvrir, lequel aïant d'abord ouvert les guichets
de bois garnis de lames de fer fermans à trois clefs,
& ensuite une petite grille de fer fermant à deux clefs,
Nous aurions trouvé un gand coffre de bois peint
de couleur rouge garni aussi de lames de fer fermant
à quatre clefs, lequel Nous aurions fait tirer hors
de ladite armoire & porter sur le grand Autel, & aprés l'avoir fait ouvrir par ledit Collin,

Nous y aurions trouvé sous un petit pavillon de brocart à fond d'argent, avec des fleurs de differentes couleurs, une image de la Vierge assise dans une espece de Trône tenant l'image de l'enfant Jesus, le tout de vermeil trés propre & bien travaillé, & au milieu de ladite image de l'enfant Jesus un petit cercle au tour du quel sont écrits ces mots DE UMBILICO DOMINI JESU CHRISTI d'une ancienne écriture de trois à quatre cent ans; & aiant posé ce Reliquaire dans le milieu du grand Autel sur un Corporal, Nous nous serions mis à genoux avec tous les assistans pour faire nôtre priere aprés laquelle aiant fait aprocher ledit Brocq, Nous lui aurions ordonné d'ouvrir ledit cercle, dans lequel on nous avoit dit être enfermée ladite Relique du St. Nombril, & ledit Brocq l'aiant ouvert & tiré le petit verre qui étoit dessous, Nous aurions fait apporter une petite bougie allumée pour examiner de plus prés & plus distinctement ce qui y étoit enfermé : aiant ensuite tiré Nous mêmes ce qui étoit dans led. Reliquaire, Nous aurions trouvé trois petits morceaux d'étoffe de soye rouge, percés en quelques endroits, lesquels nous aurions déplié trés-exactement l'un aprés l'autre sur le Corporal, & aurions seulement trouvé dans l'un desdits morceaux d'étoffe de soye, trois petits morceaux d'une matiere trés-dure, semblable à de petites pierres avec quelque poussiere graveleuse : ce qui Nous aiant surpris & tous les assistans, Nous aurions fait aprocher l'un aprés l'autre tant lesd. Sieurs Chanoines & Curé ou Vicaire perpetuel, que lesdits Notables Habitans presens à Nôtredite visite, pour examiner eux mê-

és soigneusement & de plus prés quelle matiére ce
uvoit être, & tous sont convenus aprés l'avoir
ouchée & frottée plusieurs fois dans leurs doits,
u'il n'y paroissoit rien qui pût faire croire qu'il y
ut aucune partie du St. Nombril de N. S. & qu'il
embloit au contraire que ce n'étoit autre chose que
e petites pierres, desquelles par la longueur du tems
pouvoit s'être formé ladite poussiere graveleuse,
qui par leur solidité paroissoient avoir percé les-
its morceaux d'étoffe, dans lesquels elles étoient
nfermées : & à l'instant pour plus grande sûreté
ous aurions envoié chercher Me. Jean Chevre Chi-
urgien Juré à Chaalons demeurant dans ladite Pa-
oisse de N. Dame, lequel étant venu & aiant en
ôtre presence & de tous les susnommés examiné
rés-attentivement, touché, froté dans ses doits, &
is à sa bouche ladite matiere, & éssaié de casser
vec ses dents lesdits petits morceaux solides, il nous
uroit declaré qu'il ne trouvoit rien dans ladite ma-
iere qui lui parut être partie des vaisseaux umbili-
aux lesquels de leur nature ne pourroient pas être
etrifiés par la longueur du tems : & sur ce que
ous lui aurions demandé si lesdits petits morceaux
olides ne seroient peut être pas quelques morceaux
'Encens, de Mirrhe, d'Aloës ou autre Aromat,
u'on auroit mis avec ladite prétendüe Relique, il
ous auroit répondu que lesdits petits morceaux ne
i paroissoient ni au toucher, ni au goût être En-
ens, ni Mirrhe, ni Aloës, ni autre Aromat, qu'il
'y trouvoit ni goût, ni odeur non plus qu'à ladite
oussiere, laquelle ne seroit point pierreuse comme
la trouvoit si elle étoit la partie prétendüe du S,

Nombril. Aprés quoi Nous aûrions enfermé ladite
matiere tant en petits morceaux qu'en poulfiere dans
le même morceau d'étoffe enveloppé des deux autres
& aûrions mis le tout dans une petite boëte de vermeil, & l'aurions gardé pour en faire l'ufage qu'il
conviendroit ; enfuite Nous nous ferions retiré.
Dont & de tout ce que deffus Nous avons fait dref-
fer le prefent Procés verbal par nôtre Secretaire, &
l'avons figné avec les fufnommés les jour & an que
deffus. *Signé*, Gafton-Jean-Bapt. Louis Ev. C. de
Chaalons.

Et lecture faite de nôtre Procés Verbal Avons
fommés & interpellés lefdits Chanoines de N. Dame
prefens à ladite vifite de figner nôtre dit Procés verbal, ce qu'ils ont refufé ; & à l'inftant avons pre-
fenté le Procés verbal aux autres y dénommés, lef-
quels ont figné. *Ainfi figné.* Lambert, Mathé de
Vitry, Parchappe Vinay, Deu, Deu du Vieil
Dampiere, Chalons, Chevre, J. Brocq, Pierre
Collin. *Et plus bas*, Par Monfeigneur, Huot, avec
paraphe.

Et le même jour au foir aprés être forti de ladite
Eglife de N. Dame, Nous nous ferions tranfportés
fur le champ dans l'Hôtel de Meffire André De
Harouys Chevaillier Seigneur de la Scilleraye, Confeiller du Roy en fes Confeils, Maître des Requê-
tes ordinaires de fon Hôtel, Intendant des Province
& Frontieres de Champagne, pour lui faire part de
ce que nous avions trouvé dans ledit Reliquaire &
de tout ce qui s'étoit paffé dans ladite vifite que Nous
avions faite, attendu le grand attachement que les
peuples avoient pour cette prétendüe Reliquo, qu'ils
croioien

croïoient être veritablement une partie du S. Nombril de Notre Seigneur, & à laquelle ils rendoient le
même culte qu'au S. Sacrement, & aiant ouuert la
boëte, dans laquelle nous l'avions mise, en presence
dudit Mre. André De Harouys, & développé les
petits morceaux d'étoffe de soye dans lesquels elle
étoit, Nous lui aurions fait voir la même matiere
que nous avions trouvée dans le susdit Reliquaire,
& aprés l'avoir examinée avec grand soin, il auroit
reconnu qu'il n'y paroissoit autre chose que de trés-
petites pierres avec une poussiere graveleuse sans
qu'il y parut aucune partie de chair ni de vaisseau
umbilical, en foi de quoi il a signé avec Nous le
present Article. *Signé*, Gaston-Jean Baptiste-Louis
Evêque Comte de Chaalons, De Harouys, *& plus
bas*, Par Monseigneur, Huot. avec paraphe.
– Et le même soir étant de retour en nôtre Palais Episcopal, Nous aurions fait venir Me. Gaspard Langenhert Doct en Medecine & nôtre Medecin ordinaire
& Me. Jean Dupré Chirurgien juré à Chaalons,
pour leur faire examiner ladite prétenduë Relique,
& l'aïant tirée de ladite boëte pour la leur mettre
entre les mains, en presence de Me. Nicolas Havetel
de Vauciennes, Prêtre Docteur en Theologie, Ar-
chidiacre de Vertus en notre Eglise Cathedrale l'un
de nos Vicaires generaux; Pierre Jean Baptiste Taignier Prêtre Docteur de Sorbonne, Chanoine de
nôtre Eglise Cathedrale aussi l'un de nos Vicaires
generaux, Nicolas de Germigny Prêtre licentié és
Droits, Grand Chantre & Chanoine de nôtredite
Eglise Cathedrale ; Toussaint le Maître de Paradis
Prêtre Docteur és Droits, Chanoine de notre sus-

B

dite Eglife Cathedrale , Confeiller & Avocat du Roy au Bailliage & Siege Prefidial de Chaalons; Charles Guillaume Dalefme , Prêtre Docteur en Theologie Chanoine de l'Eglife Cathedrale de Nevers étant actuellement en cette Ville où il s'étoit rendu pour prêcher en nôtre Eglife Cathedrale pendant le Carême ; & Claude Hermant Prêtre Curé de l'Hôtel Dieu de S. Etienne dudit Chaalons qui fe font trouvés alors dans nôtredit Palais Epifcopal ; ils l'auroient vifité l'un aprés l'autre avec beaucoup d'exactitude , & nous auroient enfuite déclaré que ladite matiere enfermée dans lefdits petits morceaux d'étoffe de foye , qu'on croioit être partie du S. Nombril de N. S. n'étoit rien autre chofe que de petites pierres, dont une partie avoit confervé fa folidité de maniere à ne pouvoir que très-difficilement les caffer avec les dents, & le refte étoit reduit en pouffiere , laquelle fe trouvant pierreufe & n'aiant point la douceur en la touchant, & la legereté qu'elle devroit avoir fi elle venoit de quelque vaiffeau umbilical, étoit une preuve qu'il n'y avoit dans ladite matiere aucune partie du S. Nombril de N. S. ce qui a été pareillement reconnu par lefdits Sieurs fufnommés, qui ont auffi examiné ladite matiere chacun en particulier. En foi de quoi Nous avons figné avec lefdits fufnommés le prefent & dernier Article du Procés verbal de nôtre vifite les jour & an que deffus. *Signé* , Gafton-J. B. Louis Ev. C. de Chaalons, Langenhert Confeiller, Medecin ordinaire du Roy, Dupré, De Vauciennes, Taignier, Germigny, le Maître de Praradis, Dalefme, C. Hermant. *Et plus bas*, Par Monfeig. Huot, avec paraphe.

Et le dixiéme jour du mois de Mai de ladite année mil sept cent sept, aiant appelé dans nôtre Palais Episcopal les Srs. Deu de Vieil Dampierre Bailly de Nôtre Comté Pairie : Jacques Chauffot Avocat en Parlement, Lieutenant particulier au Baillage de nôtredit Comté & Bailly de S. Pierre au Mont de Chaalons : Nicolas Talon Avocat en Parlement, Procureur Fiscal Général dudit Baillage : Joseph Baillat Subſtitut du Procureur du Roy au Baillage & Siege Preſidial de Chaalons, & auſſi Subſtitut en nôtredit Baillage : Jean Prieur Greffier en nôtre Baillage & Echevinage, avec le Sr. Jerôme de Pinteville Procureur du Roy des Traites-Foraines Commis au Recouvrement des Taxes faites ſur les Officiers des Juſtices des Seigneurs dans l'Election de Chaalons: pour des affaires qui concernoient la Juridiction & Juſtice de nôtredit Baillage ; Nous les aurions enſuite fait entrer dans nôtre Chambre : ou aprés leur avoir fait lecture du Procés verbal de la viſite que nous avons faite le Mardi dix-neuviéme jour d'Avril dernier de la prétenduë Relique du S. Nombril conſervée en l'Egliſe de N. Dame en vaux, Nous leur aurions montré la Boëte de vermeil doré dans laquelle nous avions enfermé ce que nous avions trouvé dans le Reliquaire de ladite Egliſe, & aurions tiré ladite boëte d'une armoire dont nous avions ſeuls la clef, & aiant ouvert ladite Boëte & développé les trois morceaux d'étoffe de ſoye rouge, leur aurions montré la matiere y contenüe, & tirée dudit Reliquaire & l'aurions examinée avec eux au moïen d'un Microſcope qui Nous auroit été preſenté & n'aurions trouvé non plus que leſdits Srs. Aſſiſtans qu'une

B ij

matiere pierreuſe telle que nous l'avions trouvée la premiere fois. De quoi & de tout ce que deſſus, Nous avons fait dreſſer le preſent Procés verbal, & l'avons ſigné avec leſdits Srs. ſuſnommés, aprés avoir remis ladite matiere dans leſdits petits morceaux d'étoffe de ſoye, renfermée dans la même boëte, & avoir ſerré ladite boëte dans la même armoire, dont nous avons repris la clef, & aprés avoir fait faire lecture dudit preſent Procés verbal ; à l'exception dudit Sr. De Pinteville qui nous a prié de l'excuſer de ſigner attendu qu'il eſt parent du Sieur Dombale Prétre Chanoine de ladite Egliſe de N. Dame en vaux. *Signé*, Gaſton-Jean-Baptiſte-Louis Evêque Comte de Chaalons Pair de France, Deu du Vieil Dampierre, Chauſſot, Talon, Baillat, Prieur, *Et plus bas*, Par Monſeigneur, Huot. avec paraphe.

REQUETE DE QUELQUES
Notables Paroiſſiens de la Paroiſſe de Nôtre Dame , preſentée à
Monſieur de Chaalons pour la
reſtitution de la Relique.

A Monſeigneur,

Monſeigneur l'Illuſtriſſime &
Reverendiſſime Evêque Comte de
Chaalons Pair de France.

LES Chanoines Curés & les Paroiſſiens de N.
Dame en vaux de Chaalons, Remontrent,
trés-humblement à vôtre Grandeur, qu'ils ont été
extrêmement ſurpris & affligés en apprenant la re-
ſolution que vous avés priſe & executée le 19. de
ce mois d'Avril 1707. à ſept heures du Soir, d'enlever de leur Egliſe une Relique qui a été depuis quatre cent ans l'objet de la veneration de leurs Ancé-
tres, & la conſolation des Fideles, dont la devotion
qui a toûjours éclaté ſans interruption, depuis qu'ils
ont eû ce ſacré dépôt, leur a ſouvent fait trouver
le remede aux maux dont ils ont été affligés, n'y
ayant avec juſtice rien de plus ſacré aux Chrétiens,
que tout ce qui peut avoir touché l'adorable humanité de Jeſus-Chriſt. Quel reſpect n'a-t'on pas pour

la ste. Robe qui est conservée à Argenteüil dans un Precieux Reliquaire qui servira de monument éternel de la pieté de nos Princes ? Le St. Suaire que l'on conserve à Turin, le Mouchoir où se voit l'impression de la Ste. Face qui est à Laon, le Clou que l'on garde au Tresor de St. Denis, & qui fait les Armoiries de cette Abbaye Royale, les morceaux de la vraye Croix, & les parcelles de la Couronne que l'on conserve en differens endroits, ne sont-ce pas autant d'objets qui meritent sans contestation, le culte que l'on voit tous les jours les Fideles en foule empressés à leur rendre ? si l'on ne peut douter de ce principe, ne faut-il pas avoüer aussi qu'il n'y peut avoir au monde rien qui merite mieux le nom de Relique que ce qui a été autrefois uni à sa ste. Humanité, comme peuvent être les restes adorables du S. Prepuce qui en fut retranché à la Circoncision, & les restes du S. Nombril qui en fut détaché dans le tems qu'il tombe ordinairement aux autres enfans : Le Sauveur du monde aiant voulu se soumettre aux loix de la nature humaine aussi bien qu'à celles de la Religion.

C'est une partie de ces precieux restes que vous avés enlevée, Monseigneur, prevenu que vous avés été, que cette Relique du St. Nombril que l'on gardoit avec tant de circonspection & que l'on respectoit avec tant de foi, n'avoit aucun fondement & n'étoit qu'un effet de superstition, comme si tous les ancêtres des démontrans eussent été trop simples, & tous les Predecesseurs de vôtre Grandeur trop faciles.

Les Remontrans osent vous dire, Monseigneur, qu'il n'y a pas eu depuis le rétablissement de leur

Eglise un Evêque en ce Diocese qui n'ait approfondi
cette matiere, & qui ne s'en soit éclairci, il paroit
par un Procés verbal authentique fait il y a trois cent
ans le huit decembre mil quatre cent sept par Charles
de Poitiers lors Evêque, que cette Relique étant
de ce tems en grande veneration aux peuples, elle
fut par lui tirée du coffret d'argent où elle étoit, &
posée avec beaucoup de solemnité, & concession
d'Indulgence à perpetuité pour le jour de la Circoncision, dans le Reliquaire d'où vous l'avés enlevée
representant la figure en relief de la Bien-heureuse
Vierge avec l'Enfant Jesus entre ses bras. Comme
il n'y avoit alors que la tradition qui apprît aux
Chaalonois que cette Relique avoit été donnée à
leur Eglise de N. Dame dans le tems de sa Dedicace,
depuis lequel il ne s'étoit écoulé qu'un siecle, ce Prélat zelé pour la continuation du culte qu'il voïoit
encore en ferveur, & dans la crainte qu'il ne vint
à se ralentir par les doutes que formeroient des gens
peu instruits de la verité, jugea à propos d'inserer
dans son Procés verbal une circonstance qui peut
frapper les esprits les moins credules. Il rapporte que
quelques particuliers dignes de foy, Ecclesiastiques
& autres, habitans de Chaalons, qu'il nomme, s'é-
tant trouvés à Paris logés dans une hôtellerie de la
ruë des marmouzets, avec Messire Aymard Robert
de Limoge ; ce Gentil-homme qui étoit aussi homme de lettres & gradué en Droit frequentant ces
Mrs, pendant le sejour qu'ils firent à Paris les uns,
& les autres, leur auroit demandé, voiant qu'ils é-
toient de Chaalons, si l'on n'avoit pas en cette ville
une Relique venerable, qui étoit une portion du S.

Nombril, qu'il savoit que cette portion devoit être
à Chaalons, parce qu'il avoit été long-tems à Rome
Officier du Cardinal Raymond de Tourraine. (Ce
Seigneur qui étoit neveu du Pape & Legat Apos-
tolique en Italie y avoit toute l'autorité, les Sou-
verains Pontifs siegeans pour lors en Avignon.)
qu'il avoit visité plusieurs fois, par rapport à l'em-
ploi qu'il avoit auprés de ce Cardinal, le Tresor de
S. Jean de Latran, & qu'il en avoit tenu les Char-
tres, suivant lesquelles il paroissoit par un Titre en
forme de Bulle, que cette Relique avoit été divisée
en trois parties, dont l'une étoit restée à Rome,
l'autre avoit été envoiée à Constantinople, & la troi-
siéme à l'Eglise de N. Dame de Chaalons.

On tient que cette division fut faite par le Pape
Clement V. qui siegeoit dans le tems de la Dedicace
de cette Eglise, qui fut celebrée sous le regne de
Philippe le Bel, par Pierre de Latilly Evêque de
Chaalons & Chancellier de France, qui aiant beaucoup de credit, tant par lui que par son frere Am-
bassadeur auprés du Pape, avoit eu plus de facilité
qu'un autre d'obtenir de ce Souverain Pontif qui étoit
François, & qui transfera le S. Siege en France, ce
precieux gage dont il fit present à son Eglise, &
cela paroitroit évidemment, si l'on pouvoit en recouvrer l'Acte de consecration.

Si l'on veut remonter plus haut, on voit par l'his-
toire de Nicolas Cassian Docteur en Theologie &
Curé de S. Apollinaire à Rome, qui a composé un
Traité exprés sur cette matiere & l'a dedié au Pape
Paul V. que cette Relique avoit été mise au tresor de
S. Jean de Latran par le Pape Leon III. à qui elle avoit

été donnée par Charlemagne dans le tems de son couronnement, soit que cet Empereur l'eut reçûë, comme il est probable de la part d'Aaron Roy de Perse lorsqu'il fit alliance avec lui, étant constant que l'Empereur envoia des presens au S. Sepulchre, & qu'Aaron renvoia plusieurs reliques & abandonna même, suivant le Cardinal Baronius & d'autres auteurs, la proprieté de la Terre Sainte à Charlemagne ; soit qu'après le secours qu'il donna contre les Sarrasins à Constantin Empereur d'Orient & au Patriarche de Jerusalem, il ait reçû d'eux par reconnoissance avec quelques autres Reliques, celles du S. Nombril & du S. Prepuce, qui étoient demeurées en la possession de ces Patriarches successeurs du siege de S. Jean, lequel suivant les apparences en avoit été le premier dépositaire, les aiant eües des mains de la Bien heureuse Vierge, qui aiant consideré son Fils comme un homme Dieu dés le moment de sa naissance, en avoit conservé avec soin toutes les Reliques.

La même histoire justifie que ces Reliques ont été long-tems portées en procession à Rome, quelles étoient dans le *Sancta Sanctorum*, dont faisoit foy cette inscription : *Umbilici que viget pretiosa caro.*

Que dans une Chapelle de S. Jean de Latran, on lisoit encore ces mots, *Vera caro Domini nostri Jesu Christi. Secundum Umbiculum ejus & ejus Præputium,* ce qui est confirmé par Jean Diacre de S. Jean de Latran, qui vivoit du tems du Pape Alexandre III. vers l'An 1160. & luy presenta un inventaire des Reliques

Qu'enfin, le Tresor des Reliques, & les Titres

aïant été pillés au Sac de Rome de 1527, le Saint
Nombril & le S. Prepuce auroient été laissés par
des soldats à sept ou huit lieües de cette ville, dans
le village de Calcata, où ces precieuses Reliques
sont conservées avec toute la veneration qui leur
est dûë, dans un petit vaisseau, soutenu par deux
Anges d'argent, ce qui est rapporté aussi par le
Cardinal Tolet en ses Commentaires sur S. Luc.
Et il est à remarquer que le Procés verbal de l'E-
vêque de Chaalons Charles de Poitiers, a été envoié
à Rome pour servir a la verification de ces Reliques
de Calcata.

Mais, dirés-vous, Monseigneur, & vous l'avés
dit depuis vôtre Visite en parlant de ce Procés verbal, l'Evêque qui l'a redigé n'affirme point qu'il ait
vû cette portion du S. Nombril, & la matiere que
vous avés trouvée dans le Reliquaire, ne vous a
parû que de la pierre & de la poudre : vous impu-
gnés par là ce Procés verbal de nullité.

Charles de Poitiers ne dit pas qu'il a vû cette
Relique, il est vrai, ce terme ne se trouve point
dans son Procés verbal, quoi qu'il soit trés vrai-
semblable qu'il ne l'a pas transportée, qu'il ne l'a
pas changée de vaisseau, qu'il ne l'a pas enveloppée
de nouveau sans l'avoir vûe & sans l'avoir visitee,
on peut meme dire qu'il a été impossible qu'il ne
l'ait vûe, puisque lors que vôtre Grandeur eut fait
ôter le cristal qui l'enfermoit, elle parut en la mettant sur le Corporal, soit qu'il fasse mention ou
non, de l'avoir vû. Il faut convenir que le Conseil
qui vour fait déclarer, de vôtre autorité, ce Procés
verbal nul est en verité bien decisif : & supposé

qu'effectivement ce Prélat ait eu affés de modera-
tion pour n'ofer toucher à fes reftes facrés, n'au-
roit-t'il point été touché d'une fainte horreur qui
lui auroit fait craindre le fort de cet Evêque d'Arras qui fut frappé d'aveuglement pour avoir voulu
faire ouvrir dans fon Eglife le vaiffeau dans lequel
la fainte Manne eft renfermée, fuivant la tradition
de ce Diocefe.

Mais la matiere que vous avés trouvée, Monfeigneur, ne vous a paru que de la cendre, que de
la pierre & de la poudre, que pretendiés-vous donc
trouver, de la chair vermeille ? C'eft ce qui n'auroit pas manqué de fe rencontrer, fi cette Relique
enfermée fous tant de clefs depuis tant de
fiecles, eut été au pouvoir de quelques impofteurs
ou fi elle eut paffée par les mains des heretiques
qui auroient eu la malice de fe preparer, en l'alte-
rant, des moiens pour la détruire ; mais cette matiere a paru de la pierre & de la poudre, n'eft-ce pas
ce qui devoit naturellement fe trouver, comme
étant l'effet ordinaire des matieres qui fervoient
autrefois à embaumer les corps & de les petrifier?
la partie du Nombril n'y eft-elle pas plus difpofée
qu'une autre, & ces matieres moins folides qui
compofoient le baume ne doivent-elles pas fe
reduire en poudre? Auffi s'eft-il trouvé pareillement
à Calcata des petits grains & desfragmens comme
le dit le même Caffian.

Enfin, Monfeigneur, quand la Relique qui fait
le fujet de la prefente Remontrance, feroit auffi
douteufe que les Supplians la pretendent bien averée,
ils vous remontrent avec toute la foumiffion qu'ils

doivent avoir pour les Ordonnances que vous êtes
en droit de faire dans vos Visites Pastorales que vôtre
Religion a été surprise lorsque l'on a déterminé vôtre
Grandeur à l'enlever sans aucunes formalités ; ils
conviennent que vous auriés pû par provision, sus-
pendre l'exposition qui s'en fait tous les ans le jour
de la Fête de la Circoncision, & qui s'en faisoit an-
nuellement & de tems immemorial dés la redaction
du Procés verbal cy-dessus, suivant qu'il paroit encore
par un ancien ordinaire de leur Eglise de l'an 1338.
Mais ils soutiennent qu'il n'a été permis à personne
de les priver & de les dépoüiller de ce dépôt qui leur
a toûjours été si sacré, & à leurs Predecesseurs. qu'ils
l'ont refusé avec constance aux Chanoines de la Cathedrale & qu'ils ne l'ont laissé porter en Procession
pour la santé du Roy Louis X I I. qu'aprés avoir reçû des Otages. S'il falloit aujourd'huy leur oter ce
gage qui leur est plus precieux que toutes leurs pos-
sions temporelles, ce n'étoit pas à leur insçû qu'on
le pouvoit faire & avec un petit nombre de gens
qui ne sont point originaires de Chaalons & dont
la complaisance est desavoüée par tous les ordres de
la Ville, ce n'étoit qu'en connoissance de cause; en
pratiquant ce qui est prescrit par le Concile de Trente
session 25 ou au moins aprés avoir assemblé le
Clergé & les peuples qui y sont interressés, & vous
eussiés connu, Monseigneur, combien il est cher à
vos Diocesains qui feront preuve des secours jour-
naliers qu'ils en tirent dans leurs maladies & même
combien il l'a été à Madame la Duchesse de Noaillés
vôtre Mere qui a donné un voile magnifique pour
la couvrir en reconnoissance du soulagement qu'une

Dame de ſesamies en avoit reçû. Pourquoy, Monſeigneur, vous êtes trés-humblement ſuplié de vous laiſſer flechir, d'avoir égard à la devotion & rendre aux Remontrans la Relique qui leur a été enlevée le 19. du preſent mois, pour être remiſe en ſon lieu & place. *Signé*, Courtois, Du Moulinet, Fagnier, De Bar, Le Gentil, Jourdain, Pietre, L'Eſcuyer, De Chantrene, Monnot, Pietre, avec paraphes.

ACTE D'ASSEMBLÉE
où ladite Requête a été resoluë.

AUjourd'hui vingt-septiéme Avril mil sept cent sept, les Paroissiens de l'Eglise de N. Dame en vaux de Chaalons, étans assemblés au cloître de ladite Eglise, lieu ordinaire à tenir les Assemblées de ladite Paroisse, après avoir été convoquée de pot en pot, & au son de la cloche ainsi qu'il est accoutumé, de l'ordre de Me. Louis Rapinat President au Grenier à Sel, Marguillier en charge, en laquelle ledit Sr. Rapinat ne s'étant trouvé, Mr. Courtois ancien Chanoine, President de ladite Assemblée député de Mrs. les Chanoines Curés de ladite Eglise & Paroisse, de l'avis & en la presence des Paroissiens, a mandé Maturin Martin ancien sonneur de ladite Eglise, pour savoir de lui par quel ordre il avoit fait la convocation, & étant ledit Martin comparu en personne, pris par serment, il a juré & affirmé que ledit Sr. Rapinat lui avoit ordonné cejourd'hui matin de convoquer tous les Paroissiens de pot en pot & au son de la cloche, pour une Assemblée generalle de ladite Paroisse au même jour heure d'une de relevée; Cet ordre donné en la presence dudit Sr. Courtois & de Mrs. du Moulinet & de Villers Presidens au Presidial, Jourdain Procureur du Roy en l'Election, Jourdain & Pietre Avocats en Parlement, Morel, & Beschefert, Pietre Notaire & Monnot notables Paroissiens, que lui Martin a executé ledit ordre par lui même & par

ſes confreres Sonneurs qui ont averti de pot en pot
leſdits Paroiſſiens & ſonné à ladite heure ladite Aſſemblée.

A laquelle Aſſemblée ſe ſont trouvés ledit Sieur
Courtois député de Mrs les Chanoines Curés ſes
Confreres Préſident, Mrs. du Moulinet & de Villers Préſidens au Préſidial de Chaalons, De Chan-
terenne & Fagnier Treſoriers de France en Champagne, Le Gentil Conſeiller au Préſidial, Horgue-
lin Avocat du Roy audit Préſidial, Jourdain Procureur du Roy en l'Election, L'Ecuyer Lieutenant
en la Maréchauſſée de Champagne, Jourdain,
Pietre, & de Parvillers le jeune Avocats en Parlement, Beſcheſert Bourgeois, Pietre & Milſon Notaires Royaux, Philippes de Bar, Pietre l'aîné,
Pietre le jeune, Joſeph de Bar & de Geſne Procu-
revrs au Bailliage Préſidial, Monnot Conſeiller du
Roy Controlleur de la Maréchauſſée Provinciale de
Champagne, Guichart Officier, Fleury Juge Con-
ſul, Coqueteau ci-devant Conſul, Pannetier le jeu-
ne & Blandin marchands, Adam, Lemoine auſſi
marchand, Boüin marchand Apoticaire ci-devant
Conſul, Perochet pere & Perochet fils marchands,
Appert marchand, Thuveny l'aîné Lieutenant de
Bourgeoiſie, Wibert marchand, Noel pere & fils,
Monjoie, Noiret, Mabille marchand, Huet, Collin,
Eſtienne Charpentier, Brocq Orfévre, David, Fre-
min, Prudhomme, François Pignon, Gaillard,
Martin & Caché ſerruriers, Martinet, Vaudron,
Deſmoulins, Martelet, Remy cordonnier, Mention
Chirurgien, François Barin, Michel Itam & Ja-
quinet maîtres Boulangers, Pierre Pouillot, Jean

Tiercelet, Le Noble, De Gaules, Rougemaille ;
Hierôme Roger, Claude Laſſon, Charles Galichet ;
Jacques Grognat, Charles Hugueny, Jacques Cha-
pelot, Pierre Gauſſois, Fraçois Geoffroy peruquier,
Claude Champagne, Brice Hubert, Jacques Re-
gnaut, Jean Monneuz, Louis Guenaut, Louis Briſſe-
vin Me. Serurrier, Joſeph Pertat & pluſieurs autres
Bourgeois & Paroiſſiens, faiſans & repeſentans
toute ladite Paroiſſe de N. Dame de Chaalons.

Et ſur ce qui a été expoſé par ledit Sieur Courtois preſident que Monſeigneur l'Evêque de Chaalons Pair de France, ſous pretexte de continuer la
Viſite par lui faite en ladite Egliſe N. Dame le Dimanche dix du preſent mois d'Avril, s'y ſeroit
tranſporté le Mardy dix-neuf dudit mois vers les
ſept heures du ſoir, & aprés en avoir fait fermer
les portes, ſe ſeroit fait faire ouverture par les Sieurs
Chanoines, (qu'il fit avertir,) de l'armoire dans
laquelle étoit enfermée de tems immemorial la trés-
precieuſe Relique du S. Nombril de N. Seigneur
Jeſus-Chriſt que l'on avoit accoûtumé d'expoſer avec
une trés-grande ſolemnité ſeulement une fois tous les
ans le jour de la Fête de la Circonciſion; & qu'aprés
l'avoir tirée du Reliquaire où elle étoit depoſée, il
l'auroit enlevée ſans aucune formalité au grand é-
tonnement deſdits Srs. Chanoines qui en furent tel-
lement accablés, qu'ils n'eurent ni la force ni la
preſence d'eſprit de s'y oppoſer; Que le jour du
Vendredy Saint à deux heures aprés midy, ledit
Seigneur Evêque manda leſdits Chanoines en ſon
Palais Epiſcopal, où leur aiant lû le Procés verbal
par lui dreſſé le jour precedent, de la Viſite qu'il
avoit

avoit faite, & duquel Procés verbal ils n'avoient aucune connoissance, il les interpella de le signer, ce qu'ils auroient refusé de faire, en presence de quatre eu cinq particuliers & notables de lad. Paroisse qui le signerent sur l'interpellation dud. Sgnr. Evêque, & croient lesd. Chanoines que led. Sgnr. Evêque a donné ausd. quatre ou cinq Paroissiens la qualité de députés & representant le corps desdits Paroissiens. Que le même jour de Vendredy Saint environ les cinq heures du soir ledit Seigneur Evêque envoia le Sr. Huot son Secretaire demander ausdits Srs. Chanoines le Reliquaire dans lequel avoit été enfermée ladite Relique, qu'ils refuserent de lui mettre entre les mains, sans en avoir auparavant communiqué aux Paroissiens qui y ont interrêt, surquoi l'Assemblée avoit à deliberer.

Il a été unanimement resolu & conclu que Monseigneur sera trés-hublement requis & suplié par remontrance respectueuse, de rendre ladite trés-precieuse Relique pour être remise en son lieu & place, à l'effet de quoi ont été nommés ledit Sr. Courtois ancien Chanoine, Mrs. les Presidens du Moulinet & de Villers, de Chanterene & Fagnier Tresoriers de France, De Parvillés Lieutenant Particulier, & Gentil Conseiller, L'Ecuyer Lieutenant de Maréchaussée, Jourdain Procureur du Roy en l'Election, Robin Avocat, Monnot Controlleur de Maréchaussée, Pietre Notaire, De Bar l'aîné, & Pietre l'aîné Procureurs avec Mrs. les Chanoines tant pour faire ladite Remontrance que pour aviser aux moiens les plus convenables pour reussir & les mettre à execution; Lesdits Paroissiens leur donnant pouvoir plain & entier, par ces presentes de faire ce qu'ils jugeront le plus à propos, d'agir au nom collectif des

Paroiſſiens, & en cas de beſoin de ſe pourvoir par tout où il apartiendra par les voies de ſuplication, de Droit & de Juſtice deües & raiſonnables, de faire les avances neceſſaires, & ne rien épargner pour recouvrer ladite trés-precieuſe Relique, pourquoy leſdits Srs. députés pourront s'aſſembler entr'eux & avec leſdits Srs Chanoines, ſans que l'abſence d'aucuns d'iceux puiſſe empêcher la validité de l'execution des reſultats dont ils conviendront, leſquels auront pareille force que s'ils euſſent été pris dans une Aſſemblée generalle de la Paroiſſe.

Ont auſſi leſd. Srs. Chanoines Curés & Paroiſſiens unanimement proteſté & donné pouvoir auſd. Srs. ſuſnommés de proteſter au nom de ladite Paroiſſe, que l'Approbation qui pouroit être induite des Signatures d'aucuns deſdits Paroiſſiens au Procés verbal dudit Seigneur Evêque, ne puiſſe nuire ou préjudicier aux droits & interrêts de ladite Paroiſſe, pour n'avoir eu aucun pouvoir des Paroiſſiens qui n'ont été convoqués ni aſſemblés pour ce ſujet, & n'ont donné aucun ordre ni pouvoir de les repreſenter.

Extrait du livre des Conclusions de la Paroiſſe Nôtre Dame de Chaalons conforme à l'original, délivré par le Greffier ordinaire de la Fabrique de ladite Egliſe, le vingt-huitiéme jour d'Avril mil ſept cent ſept. *Signé* Guyot, avec paraphe.

PROCES VERBAL

De la translation de la fameuse Relique du St.
Nombril faite en mil quatre cent quatre,
par Charles de Poitiers Ev. de Chaalons, ra-
porté par le P. Rapine dans les Annalles Ec-
clesiastiques des Ev. de Chaalons. page 372.

A Tous vrays zelateurs de la foy Chrestienne
qui ces presentes lettres verront, Charles par
la grace de Dieu Evesque de Chaalons, salut en celui qui est le vray salut de tous.

Nous croyans estre chose tres-salutaire, de lais-
ser par escrit à la posterité la memoire des choses
qui concernent le salut des ames. Faisons à sçavoir
à tous ceux qui ces presentes liront, que l'an de nostre Seigneur mil quatre cens sept, au commence-
ment du mois de Decembre, venans en nostre presence notables personnes, Henry de Longueville, &
Jean la Tante habitans de Chaalons, Marguilliers
où Pourvoieurs de l'Eglise Parrochiale de Nostre-
Dame en Vallées de Chaalons, & plusieurs autres
honorables Citoyens de Chaalons, parroissiens de
laditte Eglise, nous ont exposé qu'en ladicte Eglise
depuis un tres long-temps, & si grand que du com-
mencement d'iceluy, il n'en reste plus aucune memoire d'hommes, a esté gardé certain sanctuaire ou
joyau precieux. sçavoir est, *Une petite parcelle du*
Nombril de Nostre Seigneur Jesus-Christ, Comme il
conste tant par ce qui est escrit & gravé au dehors
du vase d'argent dans lequel est enclose & conservée
avec une grande reverence, laditte parcelle de ce
tres-sacré Nombril, où sont ces mots, *de Umbilica*

Domini. Que parce que ledit Sanctuaire , depuis le temps fus alegué , a esté tenu , reputé , & reveré pour tel. A sçavoir , pour le Nombril de Jesus Christ , ou partie d'iceluy Nombril , & pour tel a esté estimé & reveré tous les ans le jour de la Circoncision , par le Clergé & le peuple de la ville de Chaalons & des lieux circonvoisins : Ajoustans lesdits Marguilliers & Proviseurs avec les Parroissiens susdits , que pour la singuliere & particuliere devotion , que deffunct Thibault des Abbes , ces jours passez comme il vivoit encore , parroissien de la mesme Eglise , portoit audit Sanctuaire ; les executeurs de son testament ou derniere volonté , par l'ordonnance du mesme Thibault , ont fait faire une tres-belle image de la bien-heureuse & glorieuse Vierge Marie mere de Jesus-Christ , tenant en son sein l'image du mesme Jesus-Christ nostre Seigneur , d'argent , bien & decemment doré , pour transporter dudit premier vase d'argent en ladite image de N. S. J. C. nouvellement constraitte & gravée , plus belle & aggreable de beaucoup que le sus mentionné premier vase , ladite parcelle du tres-sacré Nombril de Nostre Seigneur Jesus-Christ , afin que dans cette nouvelle image elle fust plus decemment , avec plus de reverence gardée & conservée , & que le peuple Chrestien l'honorast de tant plus devotement & religieusement , que plus decemment & honorablement elle seroit colloquée.

De plus , pour plus grande foy des choses cy-devant dittes , tant lesdicts Marguilliers ou Proviseurs , que les paroissiens , nous ont affermé , qu'honorables hommes Jacquier Testi , Saxon , Collesson , & Emerault , Clercs , & Jean Beli , citoyens de Chaalons , accompagnez de Jean Liebauld , dit de la Grange , Prestre de Chaalons , & maistre Jean Bricard de, d'Ampierre fur Marne Diocefe de Chaalons, Notaires Apoftoliques, en prefence de plufieurs témoings dignes de foy, ont affermé dernierement par ferment, mettant actuellement leurs mains fur les faints Evangiles, que eux fufdicts, Jacquier, Coleffon, & Jean, eftans ces jours paffez à Paris, en l'hotellerie des trois Colombes, en la ruë communement appellée des Marmouzets, avec un certain noble homme foldat, d'honnefte condition, & bonne façon comme il paroiffoit à l'exterieur, appellé monfieur Haymald Robert de Limoges, apres que lefdits Jacquier, Colleffon, & Jean, eurent efté enquis dudit fieur Haymald foldat, de quel païs ils eftoient, & lui eurent repondu qu'ils eftoient natifs de la ville de Chaalons, ouirent dudit foldat (lequel comme il difoit avoir autrefois efté Bachelier és loix, en quelque College folemnel) leur eftre dict, juré, & affirmé en verité, & en confcience, que lui foldat avoit efté domefti-que & ferviteur du fieur Raimond de Turenne, neveu de noftre faint Pere le Pape, pour lors fcant au fiege Pontificat, & que luy, qui à caufe du fervife qu'il rendoit audit Raimond en la cour Romaine, eftoit cogneu, & avoit mainte cognoiffances, avoit efté long-temps à Rome dans le threfor, ou fe gardent & confervent les fainctes reliques, & precieux joyaux, avec les papiers del'Eglife Romaine, & que regardant dans ledit threfor, les facrées reli-ques, precieux joyaux, & papiers fufdicts, entre les autres il vit, mania & regarda certaines lettres Apoftoliques, fous une Bulle de plomb, felon la couftume de l'Eglife Romaine, faines & entiers, efquel-les eftoit contenu ce qu'il leu & vit efcrit.) *Que le tres-fainct Nombril du tres-hault Fils de Dieu Noftre Sauveur, avoit efté divifé en trois parts, defquel-*

les l'une estoit demeurée dans le sacré thresor de l'Eglise
Romaine, un autre à Constantinople, & la troisiesme
en l'Eglise de Nostre-Dame en vallées de Chaalons,
& qu'elles devoient estre esdits lieux, comme il estoit
affermé dans les sus mentionées lettres Apostoliques:
lesquelles choses devant dittes estant exposées en nostre presence, les susdits Marguilliers ou Proviseurs,
& autres Paroissiens, nous ont humblement supplié de
transporter ladite parcelle du tres sacré Nombril de
Nostre Seigneur Jesus-Christ, du premier & ancien
vase ou reliquaire d'argent, au susdit nouveau reliquaire pour y estre là decemment & honorablement
placée & colloquée.

Nous donc Charles Evesque cy-dessus nommé, autant que la sagesse & prudence humaine le requiert,
de la verité des choses predittes, condescendans favo-
rablement & piensement à la devote requeste cy-devant exposée, le huitiesme jour du mois de Decembre
auquel se celebra la feste de la Conception de la bien heureuse Vierge Marie, mere du mesme Jesus-C. N. S.
Nous nous sommes en propre personne transporté en
ladite Eglise de Nostre Dame en vallée de Chaalons,
& là aprés premierement, comme il estoit convenable,
faict devote priere & oraison à Dieu, Nous estans
revestus des sacrez vestemens, & ornemens Pontificaux,
Nous avons pris avec grande humilité & devotion
en nos mains propres le susdict vase d'argent ancien, dans lequel comme a esté dit cy-dessus, laditte
parcelle du tres sacré Nombril de Nostre Seigneur
estoit renfermée, & depuis un tres long-tems avoit
esté conservée, & reverée dans le thresor de laditte
Eglise, lequel vase nous avons porté en grande solemnité, & colloqué sur le grand autel de ladite
Eglise, & ensuite apres avoir faict ouvrir par main

d'orfevre le fufdit reliquaire, en avons retiré ladite
parcelle du tres-precieux nombril de Noftre Seigneur,
& l'avons tranfportée audit nouveau reliquaire, qui
eft une image de Notre Seigneur Jefus-Chrift, où
au lieu à ce deftiné, nous l'avons avec toute forte
de reverence poffible, mis & colloquée, lequel dit
vafe nouveau avons faict foigneufement & decemment fermer par le mefme orfevre, lefquelles chofes ainfi parachevées, Nous avons celebré la fainte
Meffe de laditte Fefte, entre laquelle nous avons faict
expofer toutes & chacunes des chofes fufdites au
Clergé & au peuple de la ville de Chaalons, & des
lieux circonvoifins, pour ce fubjet là affemblé en
grande multitude, par Venerable & docte homme
Maiftre Mathieu de Maroque Profeffeur en Theologie, & Chanoine de noftre Eglife de Chaalons,
noftre affiftant prefens auffi en toutes ces chofes,
Venerables Peres en Jefus Chrift, freres Jean de
de faint Pierre és monts de Chaalons, Jean de faint
Memje és faubourgs, & Guillaume de Touffaincts en
l'Ifle de Chaalons, Abbés defdicts Monaftéres, en
outre, les venerables & fages perfonnes, Maiftre
Jean de Geautour de Joinville, & Hugues de Calençon, de Vertus, Archidiacres, Michel Saxon
Chantre en noftre Eglife. Aftorge Garnier, & Jean
Dogon, Chanoines auffi de noftre Eglife, defirans
donc qu'à l'advenir, & d'icy en avant, les fidelles
Chreftiens vifitent ladite Eglife, pour adorer, &
fignamment reverer un fi falutaire & precieux fan-
ctuaire, avec autant plus grande ferveur & diligen-
ce, qu'ils efpereront par ce moyen de com-
muer les biens temporels aux fpirituels, & les perils
prefens aux contentemens eternels, nous confians en
la mifericorde de Dieu tout puiffant, & és merites

& intercessions de la ben-heureuse & glorieuse Vierge Marie, laquelle par l'operation du saint Esprit conceut & porta dans son tres-pur ventre le Sauveur du monde, des bien-heureux Apostres Pierre & Paul, de sainct Estienne premier Martyr, & de tous les Saincts & Sainctes. A tous ceux qui vrayement contricts, & confessez, tous les ans, au jour & feste de la Conception de Nostre Dame, en memoire de laditte translation, & de la Circoncision de Nostre Seigneur, visiteront laditte Eglise de Nostre Dame en vallées, pour y adorer le souvent dit tres-sacré Nombril, & là feront quelques aumosnes pour la fabrique de la mesme Eglise, octroyons & relaschons misericordieusement en Nostre Seigneur, quarante jours des penitences qui leur auront esté enjointes. Or affin que de toutes ces choses susdittes les fidelles Chrestiens ayent une memoire plus asseurée, nous en avons faict faire les presentes, lesquelles avons données ausdits Marguilliers, ou pourvoyeurs & paroissiens, seellées de nostre grand sceau. Donné & faict l'an de nostre Seigneur, 1407. ce huictiesme jour de Decembre. Nous freres Jean de sainct Pierre és monts de Chaalons de l'ordre de sainct Benoist, & Guillaume de Toussaincts en l'Isle de Chaalons de l'ordre de sainct Augustin, par permission divine humbles Abbez des susdits Monasteres, & nous Jean de Geaucour, & Hugues de Calençon, Archidiacres de ..... & de Vertus, parce que nous avons assisté Reverend Pere en Jesus Christ Monseigneur Charles, par la grace de Dieu Evesque de Chaalons, cy-dessus nommé, pendant l'action des choses cy devant dittes, pour ce nous avons apposé nos seaux aux presentes, avec celuy dudit Reverend Pere, pour plus grande foy & asseurance des susdites choses, l'an & jour que dessus.

9 782013 453356